Januarstrand

Henning Schweer

Januarstrand

Gedichte

Bibliografische Information der Deutschen
Nationalbibliothek:
Die Deutsche Nationalbibliothek verzeichnet diese
Publikation in der Deutschen Nationalbibliografie;
detaillierte bibliografische Daten sind im Internet über
http://dnb.dnb.de abrufbar.

Herstellung und Verlag: BoD – Books on Demand,
Norderstedt

ISBN: 978-3-7557-3299-0

für T.

VORWORT

Die hier versammelten Gedichte sind eine Auswahl aus zwanzig Jahren Schreibtätigkeit und umfassen ganz unterschiedliche Themen von Trauer und Verlust, Sehnsucht und Liebe bis hin zu dem Versuch, einfach nur einen flüchtigen Augenblick festzuhalten.

Was macht dabei einen Text zu einem Gedicht? In meinen Augen ist es der Versuch, die Essenz eines Gedankens, eines Gefühls, eines Momentes einzufangen. Der Autor bemüht sich, mit wenigen Zeilen und Worten ein Abbild dieser Essenz vor dem inneren Auge des Lesers wieder aufsteigen zu lassen und so bei ihm zu spiegeln. Durch welche sprachlichen Mittel dies erreicht wird, unterscheidet sich dabei von Gedicht zu Gedicht. In einigen Fällen ist der klassische Reim und in anderen eine gänzlich freie Form des Textes das Mittel der Wahl, um die zugrundeliegende Idee in die passenden Worte zu kleiden.

Wie bei jeder Spiegelung entstehen dabei auch bei Gedichten zwangsläufig Verzerrungen. Der Wunsch des Autors, seine Idee zu übermitteln, wird durch die jeweils unterschiedlichen menschlichen Erfahrungen und Wahrnehmungen begrenzt. Insofern kann ein Gedicht immer nur der Versuch von Autor und Leser sein, sich einander anzunähern, ohne die Distanz zwischen sich jemals wirklich zu überwinden.

STILLE

Stille in den Räumen,
nichts hat sich verändert,
als wärst du nur kurz weg,
als warten alle Zimmer
geduldig nur auf dich.

In der Küche liegt
deine letzte Zeitung
noch auf dem Tisch.
Die Schlagzeilen,
längst vergessen.

In den Schränken hängen
säuberlich aufgereiht
deine Hemden,
leicht streichen meine Finger
über den rauen Stoff.

Stille in den Räumen,
nichts hat sich verändert,
ich sitze hier
und warte,
als kämst du gleich zurück.

DU BIST FORT

Du bist fort,
in meinen Träumen
sehe ich dich
am Abgrund,
der uns trennt.

Ich rufe
bei Tag, bei Nacht,
hörst du mich, antwortest du,
warum gehst du weiter fort,
wendest mir den Rücken zu.

Ich renne,
mein Atem rast,
doch du,
in weiter Ferne,
engleitest mir.

Wende dich mir doch zu,
nur einen Augenblick,
dein Gesicht,
deine Stimme,
damit ich nicht vergesse.

Du bist fort,
Bilder, Worte,
schon verblasst,
warum kann ich
dich nicht festhalten.

IM WALD

Im Wald, zwischen den Bäumen,
ruhst du,
so lange schon,
das Licht scheint durch die Bäume,
Sommer und Winter,
Frühjahr und Herbst.

Ich stehe an deinem Grab
und spreche zu dir,
der Wind flüstert in den Wipfeln,
fern rauscht das Leben,
Sommer und Winter,
Frühjahr und Herbst.

Blätter wachsen, fallen hernieder,
dein Baum steht unverändert,
Jahr für Jahr,
blicke ich an ihm empor,
Sommer und Winter,
Frühjahr und Herbst.

Im Wald besuche ich dich,
bist du hier,
zwischen den Bäumen,
wie oft gehe ich diesen Pfad,
Sommer und Winter,
Frühjahr und Herbst.

DER WEG

Der Weg liegt vor mir,
jeden Tag hoffe ich neu,
er trägt mich zu dir.
Tief in mir weiß ich,
du wartest auf mich.

Doch wie lange soll ich noch gehen,
wie oft soll ich mich noch fragen,
wann werde ich dich wiedersehen.
Siehst du nicht,
wie schwer ich an den Tagen trage?

AUGENBLICK

Manchmal sehe ich,
flüchtig,
im Augenwinkel
dein Gesicht.

Der Augenblick
ist schon vergangen,
du eilst davon,
ein Rücken in der Menge.

Ich folge dir
durchs Gedränge,
fast entschwindest du
in den Menschenmassen.

Endlich erreiche ich dich,
berühre deine Schulter,
doch wenn du dich umdrehst,
erblicke ich nur einen Fremden.

DU VERBLASST

Haus voller Erinnerungen,
die Mühen, die Tage,
gehen dahin.
Zu selten
bin ich hier, bei dir.
Aller Trost
klingt schal,
zu oft gesagt.

Du verblasst,
ich will dich festhalten,
doch nur ab und an
bekomme ich dich
noch zu fassen.
Blicke ich hinaus,
sehe ich vor dem Haus
die Bucht im Abendlicht.

Am Ufer gegenüber
leuchten schon
einzelne Lichter.

ZU SPÄT

So viel Zeit verkauft
für Geld und Konsum.
Warum schenkte ich
sie nicht dir?

So viele Stunden vergeudet,
mit digitalem Geschwätz.
Warum schenkte ich
sie nicht dir?

So viele Möglichkeiten vertan,
aus Angst vor der Meinung anderer.
Warum kümmerte mich das
mehr als du?

Nun ist es zu spät.
War es das wert?

GELEIT ZU SPÄTER STUNDE

Stumme Augen,
ihr Starren,
verborgen im Schatten,
Begleiter in der Nacht.

Stunden,
voll leiser Schritte,
fernes Wispern,
zwischen Atemzügen.

Dunkle Stunden,
wie ein Abgrund,
fallen, fallen
in die Tiefe.

Gedanken,
quälend, kreisend,
vertan, verloren,
immer wieder.

Unsere Worte,
die gesagten, ungesagten,
zu spät,
zu spät.

Morgen, wo bist du?

DORNEN

Im Gestrüpp, zwischen Dornen,
ein kleiner Vogel,
leicht zerzaust
umklammert er
mit seinen Krallen
den schwankenden Zweig,
das Herz pocht
so schnell,
nur ein Augenblick,
ehe er dem Blick entschwindet.

FREI

Wellen brechen an den Klippen,
donnernd ersticken sie jeden Laut,
Sturm schneidet im Gesicht,
reißt jedes Wort von den Lippen.

Kein Mensch ist zu sehen,
nur Klippen, Felsen, karge Wiesen,
hier zwischen Meer und Himmel,
lässt sich frei atmen, frei gehen.

LANDSCHAFTSBILD

Auf den Hügeln
strahlt blau der Himmel,
grün leuchtet das Land,
in der Ferne, glitzernde Ströme.

In den Tälern
rauschen die Bäume,
biegen sich im Wind,
grüner Schatten, tanzendes Licht.

Über den Wiesen,
der herbe Duft der Gräser,
glänzende Wogen
bis zum Horizont.

DUNKLE WOLKEN

Dunkle Wolken am schweren Himmel,
Regenfahnen wehen im Wind,
in Fetzen liegt das Firmament im Sturm,
dunkle Schatten auf den Bergen,
Lichterdom.

Nebel hüllt die Gletscher ein,
schwarze Klippen an dunklen Wassern,
Möven kreischen,
eisiger Wind über kargem Gras,
grauer Ozean.

Gischt benetzt den grauen Strand,
Blau blitzt durch Wolkentürme,
Herbstfeuer brennen an Land,
bitterer Rauch,
schneidender Wind.

SCHNEE

Sachte und sanft fällt der Schnee,
leicht und leise
sehe ich ihn herniederfallen
auf Bäume, Häuser, Straßen,
weites, flaches Land.

Alles ist von Schnee bedeckt,
jeder Schritt betritt neues Land,
jeder Laut ist gedämpft,
eine kalte Decke verhüllt alle Wege,
jeder Blick führt in leuchtendes Weiß.

Wohin soll ich gehen,
jeder Pfad ist ausgelöscht,
jede Erinnerung nichtig,
ich stehe auf einer Lichtung
im schneebedeckten Wald.

WOLKEN ZIEHEN

Wolken ziehen,
Wellen brechen,
an Klippen, an Stränden.

Nebelfetzen ziehen im Wind,
salzige Luft.

Lichter strömen,
Stürme heulen,
über Dünen, über Wiesen.

Menschen gebeugt im Regen,
schemenhaft.

NACHT

In kühler Nacht leuchtet ein Stern,
weit hoch am Firmament,
leuchtet einsam und allein
in tiefer Dunkelheit.

In kühler Nacht ist Schnee gefallen,
am schwarzen Wasser,
und glitzert leicht im Silberschein
in stiller Einsamkeit.

STERNENFEUER, STERNENLICHT

Am fernen Himmel
glänzen tausend Silbersplitter,
schwimmen im dunklen Ozean.

Sachte weht ein kühler Wind,
trägt dich fort von hier,
weit über das stille Land.

Hoch schwebt deine Seele
durch die Nacht,
nur Sterne begleiten dich.

Träume tragen dich
durch Sternenfeuer und Sternenlicht,
durch Mondesschimmer und Silberlicht.

SOMMERTAG

Strahlender Himmel,
gehe sacht,
genieße, atme,
sieh ziehenden Wolken zu,
sei bedacht,
die Ruhe.

Sag nichts,
über Eile,
sag nichts,
über Langeweile,
im Schein
der Sonne.

BLAUES LICHT

Blaues Licht fällt durch die Scheiben,
der Raum wird ganz davon erfüllt,
sanft lass ich mich treiben,
ganz vom Lichte eingehüllt.

Höre eine ferne Melodie,
lausche sacht
der leisen Harmonie,
treibe in ihrer zarten Kraft.

In die Ferne trägt sie mich,
sehe weiße Blumen blühn,
hell erstrahlen sie im Licht,
schweben über sattem Grün.

Ihr süßer Duft zieht mich hernieder,
bei ihnen tief zu schlafen,
doch die Töne locken wieder,
übers Meer zu einem fernen Hafen.

Blaues Licht fällt durch die Scheiben,
der Raum wird ganz davon erfüllt,
sanft lass ich mich treiben,
ganz vom Lichte eingehüllt.

NOVEMBER

Sturm zieht heran,
Wolken treiben im blassen Licht,
grauer Himmel,
Regen fällt in Schüben.

In der Nacht
heult der Wind,
peitscht die kahlen Äste,
leise schlägt dein Herz.

Feuer brennt in der Dunkelheit,
fern, ohne Wärme,
allein stehst du am Fenster,
die ganze Welt im Herzen.

HERBSTSTÜRME

Am Himmel sehe ich dunkle Wolken ziehen,
schnell eilen sie im Sturm dahin.
Die frische Luft ist angenehm,
kurze Schauer eilen vorbei.

Im dunklen Mantel geh ich eingehüllt
unter wogenden Bäumen die Straßen entlang.
Nebel hat am Morgen die Welt bedeckt,
nun vertreibt der Wind die Sorgen.

REGEN VOR DEM FENSTER

Vom Regen aufgewacht,
der gegen die Fenster schlägt,
in der Dämmerung,
schmiege ich mich
noch tiefer in deine Arme,
ein Moment,
geschützt,
gegen den Sturm.

TAGE UND NÄCHTE

All die Stunden, all die Tage,
sehne ich mich nach dir.
Ich wandere durch die Straßen
und wünschte, du wärst hier.

All die Stunden, all die Nächte,
schlaflos fehlst du mir.
Die Schatten im Dunkeln
flüstern nur von dir.

All die Tage, all die Nächte
warte ich auf dich.
Zähle die Stunden und hoffe,
du denkst auch an mich.

MORGENGLÜCK

Am Morgen
betrachte ich dein Gesicht,
ruhig schläfst du
an meiner Seite,
still lausche ich
deinem Atem.

Sanft
zeichnet mein Blick
dein Gesicht nach,
wie gut ich es kenne,
jede Linie,
nie sehe ich mich satt.

Zärtlich
streichle ich deine Wange,
schlaf ruhig noch,
sorge dich nicht,
ich bin hier
bei dir.

B L A U

Ich liege in den Feldern,
wo Gräser sich wiegen,
ich den blauen Himmel erblicke,
über den die Wolken ziehen.

Ich stehe an den Klippen,
wo Möven fliegen,
ich das blaue Meer erblicke,
auf dem die Wellen gehen.

Ich gehe durch die Wiesen,
wo die Sonne an Halmen glänzt,
ich die blauen Blüten erblicke,
an denen Tau hängt.

Nur du bist nicht hier.

SEHNSUCHT

In der Nacht,
meine Hand sucht dich,
streift das kühle Laken,
fahles Licht
sickert durch die Fenster.

Im Gedränge,
in den Straßen,
dein flüchtiger Schatten,
ein Augenblick, vergangen
zwischen Menschenmassen.

Zwischen Häuserschluchten,
spüre ich
den leichten Wind,
in meiner Erinnerung
trägt er deinen Duft zu mir.

IM STILLEN GARTEN

Im stillen Garten
höre ich die Melodie deiner Flöte,
sanft getragen vom leichten Wind,
zwischen den blühenden Bäumen,
süß und bitter,
tanzend über dem funkelnden Wasser.

Ich suche dich
im stillen Garten,
folge dem lockenden Klang deiner Melodie
über die Wege zwischen den Bäumen,
über die Brücken über den Bächen,
im Lichte der Frühlingsonne suche ich dich.

Gefunden habe ich dich
am Ufer des Sees,
am goldenen Wasser im lichten Schatten,
stehst du und spielst auf deiner Flöte
im stillen Garten,
ich liebe dich.

B L I C K E

Ein flüchtiger Blick
verfängt sich in deinem Gesicht,
ich beobachte dich,
du lehnst an der Wand,
lässig im Schatten.

Die Sonne brennt,
scheinbar
siehst du mich nicht,
doch deine Augen
suchen mich.

Dein Gesicht, scharf geschnitten,
raue Schatten auf den Wangen,
langsam
gleitet mein Blick
an dir hinab.

Dumpfe Hitze
füllt die Gasse,
wende ich mich ab,
spüre ich deinen Blick
auf mir.

Spielen wir ein Spiel,
wir zwei,
über die Gasse,
unsere Blicke,
stummes Begehren.

ICH BRAUCHE NUR DICH

Ihre schöne Welt
können sie behalten,
mit ihrem Werbegeschrei,
ihren leeren Versprechungen,
ihren hohlen Phrasen.

Ihre schöne Welt
brauche ich nicht,
das tägliche Hamsterrad,
die Jagd nach Geld,
den blinden Konsum.

In dieser Welt
brauche ich nur dich,
deine Küsse,
deine Umarmung,
deine Liebe.

JANUARSTRAND

Stetes Grollen in der Luft,
brechende Wellen mit
wehenden Gischtfahnen
legen Salz auf
unsere Lippen.

Eine bleiche Sonne steht
hinter Wolkenschleier.
Sandkörner tanzen
mit den Böen
über den Strand.

Gemeinsam wandern wir
gegen den Wind,
einander festhaltend.
Die Wellen löschen
unsere Spuren.

WENN ICH DICH SEHE

Wenn ich dich sehe,
fühle ich mich frei.
Auf einmal
warst du da,
unverhofft.

Ich muss es dir einfach sagen,
von deiner Stimme
bekomme ich nie genug.
Ich liege hier,
höre dir einfach zu.

Wenn du mich hältst,
sind meine Gedanken
endlich still,
nichts ist wichtig,
nur wir.

Ich muss es dir einfach sagen,
von deinem Anblick
bekomme ich nie genug.
Ich liege hier,
schaue dir einfach zu.

Wenn ich dich berühre,
fühle ich mich frei,
kein Zweifel,
nur der Moment,
nur wir.

FREMD GEWORDENE STRASSEN

Fremd gewordene Straßen,
nach Jahren
stehe ich hier,
Baulücken klaffen
an Orten der Erinnerung.

Der Laden an der Ecke,
blinde Fenster, Plakatfetzen,
nur die Spielhalle bleibt,
durch die offene Tür
ein Blick ins Dunkel.

Unbekannte Gesichter
ziehen vorbei,
am alten Klingelschild
kleben Namen über Namen,
Schicht um Schicht.

Fremd gewordene Straßen,
im abnehmenden Licht,
noch ein Blick,
der Bus fährt an,
alles fällt zurück.

MORGENSTIMMUNG

Morgenlicht über der Stadt,
der Dunst über den Dächern
weicht nur langsam,
die Augen geschlossen,
halb wach, halb schlafend.
Der Körper,
von der Decke umschlungen,
vor dem Hotelfenster,
sich belebende Straßen,
Lieferwagen in engen Gassen,
knallende Türen,
schnelle Schritte, Kopfsteinpflaster,
Rufe, Stimmengewirr.
Die Augen geschlossen,
nur lauschend,
das leichte Klicken,
der wehenden Vorhänge,
vor dem Fenster,
der Fluss,
seinen Geruch,
trägt der Wind herein.
Liegend und lauschend,
ein Fremder in der Stadt,
die Nacht festhaltend,
flüchtige Erinnerung,
hinter geschlossenen Lidern.
Vor dem Fenster,
die Menschen,
voller Ziele,
eilen sie vorbei.

SONNTAGSSPAZIERGANG

Späte Wärme vor der Tür,
die Bäume schon kahl,
schwarze Äste,
mit gelben Blättern gesprenkelt,
recken sich
in einen stumpfen Himmel.

Menschen spazieren
über feuchte Wege,
glitschig vom Blättermatsch.
Die Jacken geöffnet,
Mützen in der Hand,
plappern sie sorglos dahin.

Auf dem Weg krümmen sich
Wespen im Todeskampf.
Von der Wärme hervorgelockt
gehen sie zugrunde,
beiläufig zertreten
von der Menge.

BEGEGNUNG

Im Morgendunst
begegne ich dir,
vertrauter Schatten,
deine Augen warten
an meinem Weg.

Was siehst du,
wenn ich vorübergehe,
einen Schemen
in der Dämmerung,
faszinierend, beunruhigend?

Unter deinem Blick
fühle ich mich fremd,
ein künstliches Wesen
einer Scheinwelt,
nur eingedrungen.

Ein Schritt nach vorn,
als könnte ich
dir einfach folgen,
alles abstreifen,
wie Plastikhaut.

Doch du gleitest davon,
flüchtiger Schatten,
schon ausgelöscht,
wie der Dunst
von der Morgensonne.

SO NAHE BEI MIR

So nahe bei mir
strömt mein Blut,
so nahe bei mir
schlägt mein Herz,
unerreichbar.

So nahe bei mir,
der Schritt, der in die Irre führt,
so nahe bei mir,
die Möglichkeit, die zum Verstehen führt.

Schwer ist der Atem
bei jedem Gedanken,
schmerzend jede Faser
meines Körpers,
doch noch lebe ich.

So nahe bei mir,
jemand, der in mir eine Stütze sucht,
so nahe bei mir,
jemand, der für einen Augenblick ruht.

Ergreife nicht
die Möglichkeiten,
spüre nicht
die Veränderungen,
warum.

RUHELOS

Graue Tage,
das Licht
wirft keine Schatten,
alle Konturen verblassen,
nichts gibt dem Blick Halt,
die Stunden fließen ineinander,
starre auf Bildschirme,
doch erinnere nichts,
blättre durch Bücher,
und erinnere nichts,
Unruhe im Körper,
die nicht vergeht,
ruhelos, suchend,
streife ich umher,
doch was suche ich.

PREDIGER

Worte hallen durch die Straße,
zwischen Schaufenstern
ruft ein Prediger,
das mannshohe Holzkreuz
hält er neben sich.

Er spricht voller Eifer,
sein ganzer Körper ist ergriffen,
er beugt sich zu den Passanten,
die rechte Hand
mahnend ausgestreckt.

Menschen weichen zur Seite,
mit schnellen Schritten
gehen sie weiter
die Straße entlang,
blicken starr nach vorn.

DER TRAUM DER SONNE

In tiefer Nacht
träumte ich
von der Sonne,
wie sie verging.

Sie erlosch
in der Dunkelheit,
ihr Licht verging in der Kälte,
nur der Schein der Sterne blieb.

Ich fragte mich,
warum sie verging,
im Nichts,
und ich nicht mit ihr.

In tiefer Nacht
träumte ich
von einer Sonne
und ihrem Licht.

Ich träumte
in der Dunkelheit
den Traum der Sonne,
die nicht mehr ist.

IRGENDWO

Ich schaue hinaus,
wieder Schnee, nasse Flocken
tanzen im gelblichen Licht,
Straßenbeleuchtung.
An den Fenstern der Bar
hasten einzelne Menschen vorbei,
eingezogene Köpfe.
Seit Stunden sitzen wir hier,
irgendwo.

Musik im Hintergrund,
nicht zu erkennen.
Du und ich,
gestrandet,
das Gemurmel
schwillt ab und an,
von Zeit zu Zeit
ein schrilles Lachen,
ich blicke zu dir.

Das Gespräch ist verstummt,
doch unser Schweigen
belastet mich nicht.
Die Bar leert sich,
zwei Tisch noch besetzt,
ich schließe die Augen
und lehne mich an dich.
Morgen ist wieder ein Tag,
wie jeder andere.

Inhalt